¿Qué fue el Primer Día de Acción de Gracias?

¿Qué fue el Primer Día de Acción de Gracias?

Joan Holub

Ilustraciones de Lauren Mortimer

loqueleo

SANTILLANA USA

En agradecimiento a Debbie Randolph y Jay Gallagher por los Días de Acción de Gracias que he pasado en su casa.

J.H.

loqueleo

Título original: *What Was the First Thanksgiving?*
© Del texto: 2013, Joan Holub
© De las ilustraciones: 2013, Penguin Group (USA)
Todos los derechos reservados.

Publicado en español con la autorización de Grosset & Dunlap, un sello de Penguin Young Readers Group, una división de Penguin Random House LLC

© De esta edición:
2016, Santillana USA Publishing Company, Inc.
2023 NW 84th Avenue
Miami, FL 33122, USA
www.santillanausa.com

Dirección editorial: Isabel C. Mendoza
Coordinación de montaje: Claudia Baca
Servicios editoriales de traducción por Cambridge BrickHouse, Inc.
www.cambridgebh.com

Loqueleo es un sello de **Santillana**. Estas son sus sedes:
ARGENTINA, BOLIVIA, BRASIL, CHILE, COLOMBIA, COSTA RICA, ECUADOR, EL SALVADOR, ESPAÑA, ESTADOS UNIDOS, GUATEMALA, MÉXICO, PANAMÁ, PARAGUAY, PERÚ, PORTUGAL, PUERTO RICO, REPÚBLICA DOMINICANA, URUGUAY Y VENEZUELA.

¿Qué fue el Primer Día de Acción de Gracias?
ISBN: 978-1-631-13412-8

Published in the United States of America
Printed in USA by Whitehall Printing Company

20 19 18 17 16   1 2 3 4 5 6 7 8 9 10

Índice

¿Qué fue el Primer Día de Acción de Gracias?

El Primer Día de Acción de Gracias tuvo lugar en Plymouth, Massachusetts, en 1621. Fue un banquete, que duró tres días completos, para celebrar la primera cosecha de los peregrinos. Fue un momento feliz en el que participaron más indígenas que peregrinos, hubo mucha comida y, posiblemente, juegos.

El año anterior, los peregrinos habían zarpado en Inglaterra rumbo al continente norteamericano, en un barco que se llamaba *Mayflower*.

Pero, ¿qué es exactamente un peregrino?

Un peregrino es una persona que inicia un largo viaje en nombre de Dios. Los peregrinos a bordo del *Mayflower* cruzaron todo el océano Atlántico con el propósito de encontrar un lugar donde pudieran practicar su religión libremente. Querían adorar a Dios a su manera.

Durante el primer verano que pasaron en suelo norteamericano, las plantas de maíz crecieron altas y robustas; los frijoles, el calabacín y las calabazas se dieron bien en los campos; y las zanahorias, los nabos y las cebollas prosperaron en las huertas de sus casas. El otoño fue la época de la cosecha y supieron, entonces, que tendrían comida suficiente para todo el invierno. Por esta razón, decidieron hacer algo para demostrar su agradecimiento.

Actualmente, el Día de Acción de Gracias es un día de fiesta nacional en Estados Unidos que se celebra el cuarto jueves de noviembre. Es una ocasión para agradecer muchas cosas, incluyendo el hecho de tener suficiente comida. También, es un día para compartir con familiares y amigos, jugando fútbol americano o viéndolo por la televisión, al igual que disfrutando los desfiles.

El Primer Día de Acción de Gracias ocurrió hace tanto tiempo que no existe certeza sobre algunos

hechos. No se sabe si los peregrinos invitaron a los indígenas norteamericanos a su comilona de Acción de Gracias. Se especula que los indígenas, al escuchar disparos provenientes de los mosquetes de los peregrinos, quizás se acercaron armados para investigar y listos para defenderse. ¡Lo que fue una fantástica celebración de tres días, pudo haberse convertido en una batalla!

Capítulo 1
Los puritanos

A comienzos del siglo XVII, el rey Jaime I gobernaba y dictaba las leyes en Inglaterra. Todos tenían que obedecer sus reglas, fuesen las que fuesen. Tenían que ser cristianos y afiliarse a la Iglesia de Inglaterra; no podían escoger una religión diferente.

El rey Jaime I

Algunos cristianos creían que la Biblia, y no el rey, era la ley en el campo de la religión. Se llamaron a sí mismos "puritanos" y quisieron separarse de la Iglesia de Inglaterra, por lo que crearon sus propias iglesias y comenzaron a celebrar encuentros de oración. Lo hicieron en secreto porque, si no, ¡el rey Jaime los podía haber encarcelado!

En 1608, algunos puritanos escaparon a Holanda porque allí tenían la libertad de profesar su religión en la forma que quisiesen. Allí residieron por doce años, aunque les fue difícil conseguir empleos bien remunerados. Además, se sentían desadaptados puesto que eran ingleses pero sus hijos hablaban holandés.

Querían establecerse en un lugar que pudiesen considerar como propio. Por ello, decidieron trasladarse al Nuevo Mundo, nombre con el que los europeos se referían al continente americano en esa época.

Los puritanos hicieron un trato con una empresa. Obtendrían una embarcación, tripulación y espacio para carga. Tan pronto se establecieran en el Nuevo Mundo, se pondrían manos a la obra cortando árboles, cazando y pescando para, luego, enviar madera, pieles y pescado a Inglaterra. Le pagarían a la empresa y, al final, se convertirían en propietarios de las tierras donde se habían establecido.

No todos los puritanos que estaban en Holanda iban a poder hacer el viaje. Pero, a algunos, esto no les preocupaba. Tenían mucho miedo de que el barco se fuese a hundir. También habían escuchado

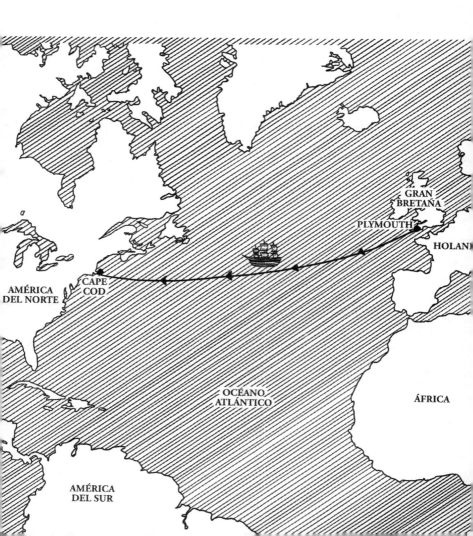

historias sobre indígenas que atacaban los asentamientos ingleses.

Unos cuarenta y cinco puritanos no tardaron en zarpar en una pequeña embarcación y cruzar el océano, persiguiendo la oportunidad de comenzar una nueva vida en el Nuevo Mundo.

Jamestown, la primera colonia inglesa

En diciembre de 1606, tres barcos ingleses zarparon rumbo al Nuevo Mundo con 104 colonos; todos hombres y niños varones. En abril del año siguiente llegaron a Virginia, y el 13 de mayo escogieron un lugar sobre la ribera del río James y allí comenzaron a construir un fuerte. Llamaron a su asentamiento Jamestown, en honor al rey Jaime (James, en inglés).

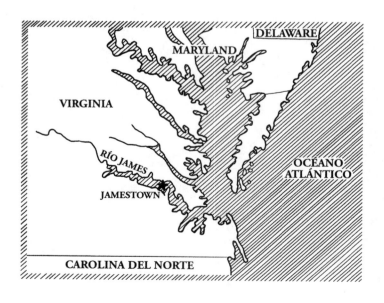

Los indígenas algonquinos llevaban siglos viviendo en Virginia. Su líder era el poderoso cacique Powhatan. Durante un tiempo, la tribu intercambió productos con los colonos, pero estos comenzaron a adueñarse de sus tierras. Los indígenas empezaron a atacar a los colonos y, en el invierno de 1610, rodearon la colonia. Al quedar atrapados, los colonos comenzaron a morirse de hambre. Solo sesenta sobrevivieron.

Cacique Powhatan

Jamestown fue la primera colonia inglesa establecida en Norteamérica. Aunque ya no existe, se puede visitar una zona histórica de ella en Williamsburg, Virginia. Allí se encuentra una simulación del fuerte, una aldea indígena y réplicas, a escala original, de las tres embarcaciones que trajeron a los colonos ingleses a Virginia.

Capítulo 2
Rumbo a América

Los peregrinos compraron en Holanda un barco pequeño llamado *Speedwell*. El 22 de julio de 1620, zarparon hacia Southampton, Inglaterra, donde los esperaba un segundo barco, el *Mayflower*.

El 15 de agosto, ambas embarcaciones se enrumbaron hacia el Nuevo Mundo. Casi de inmediato, al *Speedwell* le comenzó a entrar agua. No estaba en condiciones de atravesar el océano.

El *Speedwell*

El *Mayflower*

Se quedaron, entonces, solo con un barco, el *Mayflower*. Apenas medía 106 pies de largo y 25 de ancho, el equivalente a tres cuartos de la longitud de una cancha de básquetbol de bachillerato, y la mitad de ancho. Pero el *Mayflower* era lo único que tenían.

No se pudo acomodar a todos los puritanos del *Speedwell* en el *Mayflower*, así que este partió con

102 pasajeros: treinta y dos niños, cincuenta hombres y veinte mujeres.

Algunos eran sirvientes. No todos eran puritanos; solo la mitad. Los otros pasajeros simplemente querían emprender una mejor vida en el Nuevo Mundo. A pesar de esto, se convino llamar "peregrinos" a todos los pasajeros.

Junto a los pasajeros viajaban veinticinco marineros. Uno de ellos era un doctor que se ocupó de los pacientes con mareos. Los puritanos también invitaron a un soldado, el capitán Myles Standish, para que los protegiera en el Nuevo Mundo. Trajeron dos perros: un mastín y un *springer spaniel*, y se cree que también transportaron pollos, cabras, puercos y gatos.

El 6 de septiembre de 1620, el *Mayflower* se hizo a la mar, pero enfrentó

El capitán Myles Standish

muchos obstáculos durante la travesía. Debía haber zarpado en el verano pero, como ya había comenzado el otoño, corría el riesgo de encontrar muy mal tiempo durante el invierno.

Al comienzo, el océano Atlántico estaba en calma pero, a mitad del trayecto, empezaron a azotarlos unas tormentas espantosas. Olas gigantescas hacían saltar al *Mayflower* en todas las direcciones, sin parar. Los peregrinos temían que pudiesen morir. Muchos se marearon y vomitaron.

Para protegerse de las tormentas, se refugiaban la mayor parte del tiempo en un espacio oscuro y estrecho que estaba destinado para la carga. El lugar tenía solo cinco pies de altura, por lo que los peregrinos no podían pararse derechos. Unos cuantos afortunados tenían camas, pero la mayoría dormía en hamacas o en el piso.

Los peregrinos tenían la creencia (muy común en el siglo XVII) de que se podían resfriar si se bañaban. Por ello, no lo hicieron con frecuencia, y el barco comenzó a oler mal. Además, los picaron los mosquitos y se infestaron de piojos.

Debido a la tardanza en zarpar, ya habían consumido mucha comida. Tampoco tenían suficiente agua potable, las ratas merodeaban por doquier y al queso le empezó a salir moho. El menú diario consistía de guisantes y bacalao seco, carne curada de cerdo o de res y pan duro.

Tampoco tenían mucha privacidad; cualquiera podía escuchar lo que hablaban. No tenían cuartos de baño ni retretes. En lugar de estos últimos, utilizaban unos cubos llamados bacinillas que luego vaciaban arrojando el contenido por la borda.

Discutían mucho. A los puritanos les gustaba dar órdenes a los que no lo eran. La tripulación se burlaba de ellos por rezar tanto y por la forma en que hablaban. Por ejemplo, para decir "tu" o "usted" (you) usaban una palabra diferente (thee).

Cuando pensaban que lo peor había pasado, los golpeó una gran tormenta que provocó una fractura en una de las vigas principales del barco. El capitán quería regresar a Inglaterra, pero los puritanos no se lo iban a permitir. Así que la repararon y el *Mayflower* continuó navegando.

El *Mayflower II*

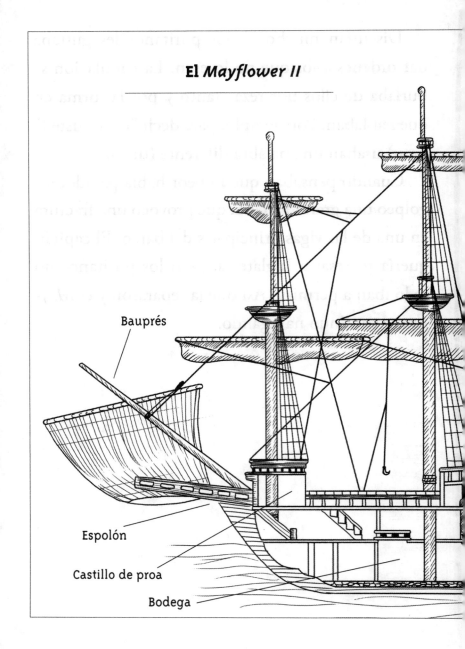

Bauprés

Espolón

Castillo de proa

Bodega

El *Mayflower II* es el nombre de un barco, a escala real, al que se puede entrar. Es casi una copia fiel del *Mayflower* original. Se construyó en 1957, en Inglaterra, y navegó hasta Estados Unidos.

A bordo se puede encontrar personas que simulan a los marineros y pasajeros que viajaron en el *May-flower* en 1620. Ellos les cuentan a los visitantes cómo fue la travesía al continente americano. El barco está anclado en un parque estatal que se creó como homenaje a los peregrinos en el centro de Plymouth, en Massachusetts.

Chupeta

Cuarto del capitán

Pinzote del timón

Cuarto de tercera clase

Caña del timón

Arsenal

Entrepuente

Capítulo 3
¡Tierra!

Por fin, después de navegar durante sesenta y cinco días, avistaron tierra el 9 de noviembre de 1620. Para ese momento, habían muerto un marinero y un joven sirviente. También había nacido un bebé al que llamaron Oceanus, por haber venido al mundo mientras cruzaban el Atlántico.

¡Imagina lo feliz que estaban los peregrinos de haber llegado al Nuevo Mundo!

Pero tenían un gran problema. No se encontraban en el lugar a donde se suponía debían haber llegado. ¡Las tormentas los habían desviado hasta Cape Cod, en Massachusetts, mucho más al norte de Nueva York, su destino original!

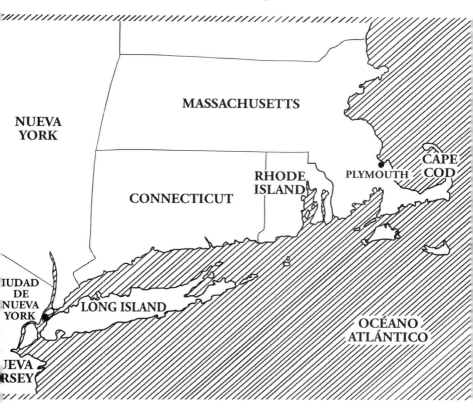

Aun así, estaban muy contentos de haber sobrevivido el viaje. Los puritanos se abrazaron, rezaron en agradecimiento y no tardaron en comenzar a discutir de nuevo.

Algunos querían irse a Nueva York, pero quedaba muy lejos, a 220 millas de distancia. Otros preferían quedarse en Massachusetts, pero ya había llegado el invierno. Muchos estaban muy enfermos. Algunos de ellos padecían de escorbuto, por la carencia de vegetales y frutas ricos en vitaminas. Esta enfermedad hacía que les sangraran las encías y se les cayeran los dientes.

Finalmente, decidieron quedarse. Sabían que la única manera de progresar era trabajando juntos. El sábado 11 de noviembre de 1620, firmaron un acuerdo que se llamó el Pacto del Mayflower. Se comprometían a elegir líderes y a obedecer las reglas de la nueva colonia. ¡Ya no querían discutir más!

En aquella época, las mujeres no tenían los mismos derechos que los hombres, así que solo

estos últimos firmaron el pacto. Escogieron a John
Carver como gobernador. Todos veían el futuro
con optimismo y estaban dispuestos a trabajar con
ahínco y dar lo mejor de sí para comenzar una buena
vida juntos.

La Roca de Plymouth

Cuenta una leyenda que los peregrinos desembarcaron en la llamada Roca de Plymouth. Esta era de granito, estaba ubicada en las aguas poco profundas de la bahía de Cape Cod y pesaba cerca de veinte toneladas.

¿Desembarcaron los peregrinos allí realmente?

Nadie había mencionado la roca en ninguna carta o registro. En 1741, un hombre llamado Thomas Faunce afirmó que su padre le dijo que esa roca marcaba el lugar exacto de llegada. ¡Pero eso no es suficiente como prueba!

No obstante, con el transcurso de los años, la Roca de Plymouth se convirtió en el símbolo de la llegada de los peregrinos a Estados Unidos. En 1774, algunos patriotas norteamericanos trataron de moverla y se partió en dos partes. La mitad inferior la dejaron en la bahía y la superior la exhibieron en la plaza del pueblo. En 1820 se celebró junto a la Roca el bicentenario de la llegada del *Mayflower*.

La Roca fue cambiada de sitio un par de veces más. En 1880, le tallaron la fecha "1620" en su parte superior. Hoy en día, ambas partes de la Roca de Plymouth están nuevamente juntas en el Parque Estatal Conmemorativo de los Peregrinos, en Massachusetts. El viento y el agua han erosionado la Roca a lo largo de los años y la gente le ha desprendido fragmentos para llevárselos de recuerdo. En la actualidad, tiene menos de la mitad de su tamaño original.

Capítulo 4
Un nuevo hogar

El día siguiente era domingo, así que los peregrinos se quedaron en el barco haciendo sus ritos religiosos. El lunes, remaron hasta la orilla. Myles Standish, William Bradford y otros catorce hombres comenzaron a buscar dónde asentarse. El lugar perfecto debía tener árboles para construir

sus casas, buena caza y pesca, terrenos planos para el cultivo y un puerto cercano.

Lo primero que hicieron las mujeres al desembarcar fue lavar ropa. También, hicieron fogatas y calentaron agua de una laguna en grandes ollas de hierro. Por lo general, cada peregrino solo usaba dos trajes, uno para el diario y otro especial para los domingos. ¡Como no se habían cambiado de ropa desde que zarparon, toda estaba sucia!

Los hombres continuaron explorando durante varias semanas. Un día, avistaron a un grupo de indígenas, pero estos se echaron a correr. También vieron por primera vez un ciervo americano y encontraron agua dulce.

Además, hallaron una gran cesta de maíz que los indígenas habían almacenado bajo tierra. A diferencia del maíz amarillo de Inglaterra, este era rojo vivo, anaranjado, amarillo y azul. No se pudría al secarse, por lo que podía consumirse en el invierno.

Desesperados, se robaron parte del maíz, privando de este a los indígenas que lo cultivaron y, posiblemente, haciéndoles pasar hambre.

Los peregrinos regresaron otro día y se llevaron el resto. En ese viaje, también encontraron casas de indígenas norteamericanos abandonadas y algunas tumbas. Se aprovisionaron de recipientes, cestas y comida. Quisieron dejar cuentas y otros bienes como forma de pago pero, como comenzó a oscurecer, se fueron sin dejar nada.

Esta no fue una buena manera de entablar amistad con los indígenas que habían vivido en Cape Cod desde mucho antes que los peregrinos. No sorprende en lo absoluto que, durante otra excursión, los indígenas los atacaran disparándoles flechas mientras daban gritos de guerra. Los peregrinos dispararon con sus mosquetes y, finalmente, los indígenas se retiraron. Hasta donde supieron los peregrinos, no hubo heridos en ninguno de los bandos.

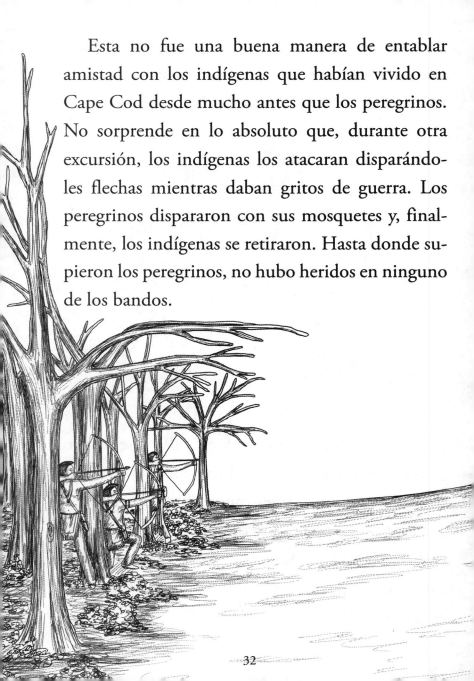

El 20 de diciembre, los peregrinos por fin encontraron un buen lugar donde asentarse. El terreno ya había sido despejado y cultivado, pero ellos no sabían que allí había existido una aldea indígena ni que todos sus habitantes habían muerto de enfermedades que otros exploradores y comerciantes europeos trajeron años antes.

Los peregrinos levantaron allí su propia aldea y la llamaron Nueva Plymouth. Cerca tenían un arroyo de agua dulce y una colina desde cuya cima podían avistar cualquier peligro que los acechase.

El día de Navidad, comenzaron a construir el primer edificio: un centro de reuniones que medía veinte pies cuadrados. Desde allí legislarían y harían sus reuniones de oración. Por el momento, solo los hombres vivirían allí. Las mujeres y los niños permanecerían en el barco hasta que las casas estuviesen listas. También se construyeron cuartos de almacenaje y colocaron los cañones que trajeron de Europa en la colina que daba hacia el pequeño pueblo.

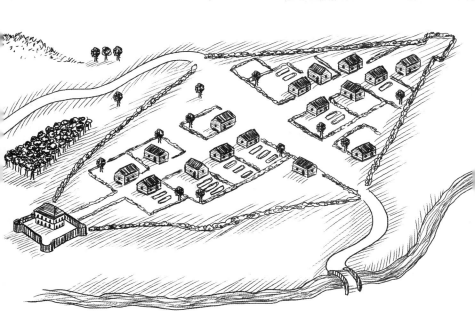

Los hombres dibujaron un plano que ilustraba cómo debía quedar el pueblo. Diseñaron una calle central con pendiente hacia el océano y casas a los lados. Otra calle la atravesaría perpendicularmente. Sin embargo, para poder realizar su proyecto, primero tendrían que sobrevivir el invierno.

Fue una temporada horrible. El tiempo se volvió implacable, con lluvias heladas y nieve. Ya casi no les quedaba comida, y muchos peregrinos enfermaron y murieron.

Aquellos que pudieron, siguieron construyendo.
Solo hicieron siete de las diecinueve casas proyecta-
das porque, con tantas muertes, ya no necesitaban
más. Las casas tenían paredes de madera, techo de
paja, y una única habitación de aproximadamente
800 pies cuadrados, donde cocinaban, comían, dormían y vivían.

Cuando llegó la primavera, solo quedaban cincuenta personas vivas. Esta era la época de siembra, pero los peregrinos eran artesanos, tejedores, sastres, zapateros e impresores. En consecuencia, carecían de los conocimientos necesarios para cultivar en tierra virgen. Afortunadamente, pronto recibirían ayuda.

William Bradford

En abril de 1621, William Bradford fue elegido como el segundo gobernador de Plymouth. Desempeñó ese cargo por más de treinta años. Fue un líder sabio y fuerte, pero también se le conoce por otra razón importante. Mucho de lo que sabemos sobre los peregrinos se lo debemos a un diario que él escribió, el *Plimoth Plantation* (*Plymouth* se escribe *Plimoth* en inglés antiguo, y a la colonia se le llamó plantación en sus primeros años).

En 1630, Bradford comenzó a escribir su diario a partir de notas, cartas y documentos sobre los primeros años de la plantación, que guardó y le permitieron contar la historia de los peregrinos. Su diario señala que, cuando partieron de Holanda en 1620, "sabían que eran peregrinos". También escribió que en el Nuevo Mundo "no tendrían amigos que les diesen la bienvenida".

En su mapa de 1614, el explorador inglés y capitán John Smith llamó al noreste del continente "Nueva Inglaterra". Esta área incluía Massachusetts. En su diario, el gobernador Bradford describió esta región como "virgen y llena de bestias y hombres salvajes". Sobre el primer otoño de los peregrinos, indicó que "todo se dio en abundancia". En 1650, le añadió una última página a su diario: la lista de los pasajeros del *Mayflower*.

Capítulo 5
Haciendo amigos

El 16 de marzo de 1621, un indígena norteamericano de gran estatura llegó a la colonia Plymouth. Los peregrinos estaban preocupados de que hubiese venido con la intención de atacarlos. Este, por

el contrario, se presentó diciendo: "¡Bienvenidos, ingleses!".

Los peregrinos se asombraron al escucharlo hablar inglés, aunque no lo dominaba muy bien. Se llamaba Samoset y explicó que un pescador en Maine le había enseñado el idioma. Portaba un arco y dos flechas, una de ellas con la punta afilada. Aunque los peregrinos no se dieron cuenta, quizás esta fue su forma de preguntarles si habían llegado en son de amigos o enemigos.

Samoset fue el primer indígena norteamericano con quien los peregrinos pudieron hablar, por lo que se interesaron mucho en él. Samoset también estaba interesado en ellos porque, aunque había visto muchos hombres europeos en Nueva Inglaterra, en su mayoría eran comerciantes y exploradores, no colonizadores. Seguramente, tampoco había visto muchas mujeres ni niños ingleses.

Samoset partió, y a los seis días regresó con más de sesenta indígenas wampanoags. La mayoría se quedaron fuera del asentamiento, vigilando por si se presentaba algún problema. Algunos entraron a la colonia; entre ellos, Squanto y Massasoit.

Este último era "el gran sachem" o cacique, y les dio la bienvenida a los peregrinos en idioma wampanoag. Los peregrinos no entendían, pero Squanto, que hablaba tanto el inglés como el idioma wampanoag, ayudó a que ambas partes pudiesen comunicarse. Sin embargo, ninguna de ellas podía estar segura de que la traducción de Squanto fuera fiel y honesta.

Por ejemplo, Squanto le dijo a Massasoit que los peregrinos habían colocado enfermedades terribles dentro de barriles y que podían usarlas como arma para matar a la tribu.

Pero, ¿por qué diría algo así?

Squanto quería evitar que Massasoit se hiciese amigo de los colonos y, a su vez, quería que estos lo vieran a él con buenos ojos para, así, adquirir poder y convertirse en un líder importante.

Los wampanoags pensaron que podía ser beneficioso unir fuerzas con estos europeos. Los peregrinos sabían que necesitaban ayuda y, posiblemente, estos indígenas norteamericanos podrían suministrarla.

Ambas partes acordaron ser amigos e hicieron un acuerdo con seis reglas. La primera estipulaba que los wampanoags no harían daño a los peregrinos. A continuación, estos le regalaron a Massasoit algunos guisantes.

Squanto

En 1614, un capitán de barco inglés secuestró a Squanto y lo llevó a Inglaterra, donde aprendió a hablar inglés. En 1618, regresó a Massachusetts pero, para ese entonces, su aldea había desaparecido. Tristemente, la tribu entera había muerto a causa de una enfermedad que trajeron los europeos. Squanto era el único sobreviviente de su comunidad, así que se quedó solo.

Squanto se fue a vivir con los wampanoags. El cacique Massasoit no le tenía confianza pero, cuando Squanto le dijo que sería un error atacar a los peregrinos, lo escuchó.

Squanto se quedó con los peregrinos y les enseñó a cazar y pescar como lo hacían los indígenas. Les mostró cómo capturar anguilas con una cesta de madera y los llevó a unos bosques cercanos donde crecían plantas comestibles.

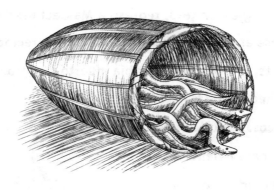

Los peregrinos trajeron de Europa semillas de cebada y de guisantes para sembrar, pero no se dieron bien debido a la mala calidad de la tierra de Plymouth. Squanto les enseñó, entonces, cómo cultivar maíz y otras plantas. Les explicó que debían añadir varios arenques muertos a cada montículo donde sembraran maíz. Al pudrirse, los restos de los peces se convertían en fertilizante. Tan pronto brotara el maíz, se debían plantar calabazas,

calabacines y frijoles a su alrededor. Al crecer, estas plantas van trepando por los tallos del maíz y por encima del montículo. Con sus amplias hojas, protegen el cultivo del ardiente sol e impiden que crezca maleza. Sin la ayuda de Squanto, los peregrinos se hubiesen muerto de hambre.

El 5 de abril, el *Mayflower* partió de vuelta a Inglaterra y, una vez allí, lo dejaron varado y se comenzó a pudrir. Nadie sabe exactamente qué le pasó, pero lo más seguro es que hayan vendido y reutilizado muchas de sus piezas.

Los peregrinos podían haber regresado en el *Mayflower*, pero ninguno quiso hacerlo. De hecho, uno de los tripulantes, el barrilero John Alden, decidió quedarse en Plymouth.

Los peregrinos invirtieron mucho tiempo en establecer su colonia. Todos los niños trabajaban también; se levantaban al amanecer y se acostaban poco después de la puesta de sol.

En las casas de los peregrinos no había grifos ni agua corriente. Los niños y las niñas traían cubos de agua que recogían en un manantial cercano. Se encargaban de poner la mesa para el desayuno

y ayudaban a servirlo. Algunas veces, este consistía de pudín de harina gruesa de maíz o de papilla de granos de maíz triturados.

Las niñas vigilaban la lumbre para cocinar y, después de comer, ayudaban a lavar y secar la vajilla. Ayudaban a sus madres en oficios del hogar tales como moler especias, lavar ropa, barrer los pisos o colgar los colchones rellenos de paja sobre la cerca para que se airearan. Alimentaban a los pollos con restos de comida, ordeñaban la vaca o la cabra de

la familia, tanto en la mañana como en la tarde, y cuidaban el huerto de la casa.

Los niños traían la leña y alimentaban al ganado. Cuando cumplían los siete años, comenzaban a trabajar con sus papás en los campos de cultivo.

Al igual que hoy en día, los niños se reunían con amigos y, a veces, jugaban a las canicas, al escondite o al tres en raya.

Después de cenar, estudiaban la Biblia con sus papás. También aprendían el abecedario, cómo escribir sus nombres y algo de aritmética. Prácticamente, hasta ahí llegaba la educación que recibían.

Los domingos eran diferentes puesto que las reglas no permitían trabajar ni jugar. En el centro de reuniones, los peregrinos celebraban dos oficios religiosos a los que todos debían acudir. El primero era desde las 8:00 a. m. hasta el mediodía, y el segundo, desde las 2:00 p. m. hasta las 6:00 p. m. La vida no fue fácil para los niños, particularmente durante ese primer año.

Los cultivos crecieron durante la primavera y el verano, y la primera cosecha del otoño fue buena. Sabían que tendrían suficiente comida para no pasar hambre durante el invierno. Las cosas mejoraban, así que decidieron celebrar.

Los wampanoags

Los wampanoags vivían en Massachusetts y en el este de Rhode Island. Llevaban allí doce mil años cuando los peregrinos llegaron en 1620.

La tribu se movilizaba de acuerdo con las estaciones. En primavera y verano, se asentaban a lo largo de la costa, donde pescaban, extraían almejas, recogían hierbas y plantas silvestres, y cultivaban maíz, frijoles y calabaza para alimentarse. Vivían en chozas construidas en forma de bóveda, hecha con varas de madera cubiertas con juncos de espadañas o cortezas de árboles, a las que llamaban *wetu*.

En otoño e invierno, se mudaban tierra adentro, donde era más cálido. Allí, cazaban osos, venados, alces, pavos salvajes y otros animales para su sustento, y usaban sus pieles y plumas para vestirse y cobijarse.

Los hombres wampanoag se dedicaban a la caza y a la pesca, y los niños practicaban con los arcos y las flechas.

Las mujeres y las niñas se ocupaban de cuidar el *wetu* de la familia. Cocinaban, cosían y hacían muchas labores agrícolas.

Los niños wampanoag más pequeños no tenían muchos quehaceres. Se bañaban, jugaban y, algunas noches, los adultos les contaban relatos emocionantes sobre la historia de la tribu.

Capítulo 6
El Primer Día de Acción de Gracias

En el siglo XVII, no se celebraban las mismas fiestas de ahora. De hecho, cuando acontecía algo especial, como una victoria en una batalla o haber sobrevivido un riguroso invierno, era cuando se anunciaba un "día de

acción de gracias". Pasaban la mayor parte de ese día rezando en la iglesia.

Sin embargo, lo que hoy denominamos el Primer Día de Acción de Gracias fue diferente; fue una celebración de la cosecha. Se sabe que ocurrió entre septiembre y diciembre de 1621, pero no se conoce la fecha exacta.

Cuando el gobernador Bradford anunció que se realizaría una fiesta de acción de gracias, no pretendía crear una festividad importante. La colonia simplemente iba a celebrar el final de una buena cosecha, pero no tenían ni idea de que se convertiría en una fiesta nacional, en un país llamado Estados Unidos.

Muchos artistas han pintado cuadros que muestran a los peregrinos comiendo, al aire libre, en una mesa cubierta con un mantel blanco. Es posible que hayan sacado mesas y otros muebles para comer afuera, pero no todos se sentaron en una larga mesa. Probablemente, algunos permanecieron de pie o en cuclillas, o se sentaron en bancos, sillas, barriles o en el piso.

Los niños, las mujeres y los sirvientes deben haber sido quienes llevaron la comida a la mesa y, a continuación, todos se sirvieron por su cuenta.

Las personas más importantes recibieron la mejor comida. Sus platos y tazones estaban hechos de un metal llamado peltre, o de madera. No tenían tenedores, solo cuchillos y cucharas. Principalmente, usaban los dedos o comían trozos de comida clavados en la punta del cuchillo. Para limpiarse las manos y la boca, empleaban unas servilletas grandes cuya punta superior se ajustaba en el cuello.

Cuenta una leyenda que los peregrinos invitaron a los wampanoags a su banquete. Puede que así haya sido, pero también es posible que los peregrinos se estuvieran divirtiendo disparando sus mosquetes y cuando algunos wampanoags los escucharon, se acercaran para ver si se estaba preparando algún ataque. Luego, al darse cuenta de que los peregrinos tan solo se estaban divirtiendo, se integraron al festín.

Es probable que los peregrinos estuvieran de buen humor y con ánimos de compartir, y los invitaran a quedarse.

Se estima que todos los peregrinos estuvieron presentes en esta fiesta de acción de gracias. Había unos noventa wampanoags, incluyendo a Massasoit y a Squanto.

Los wampanoags salieron a cazar y aportaron cinco ciervos al banquete. Los peregrinos cocinaron, además, gansos y patos,

y probablemente sirvieron también pavos salvajes y verduras como maíz, calabazas, calabacines, guisantes y frijoles.

Seguramente, tuvieron avellanas, castañas, ciruelas, codornices,

pichones o perdices y, posiblemente, comida de mar, como róbalo y bacalao.

No hubo salsa de arándanos ni tarta de calabaza y, lo más probable, es que comieran bayas de postre.

También, deben haber bebido cerveza de cebada. En aquella época, la gente tenía miedo de beber agua puesto que solía estar sucia, dado que las ciudades y los pueblos no disponían de un sistema de purificación de agua.

Los colores de las hojas de los árboles en el otoño inglés no eran tan vivos como en Nueva Inglaterra Los peregrinos estaban completamente rodeados de árboles que empezaban a adquirir ese intenso colorido. El paisaje en ese primer otoño debe haberles parecido hermoso.

La carta de Edward Winslow

Un peregrino llamado Edward Winslow participó en esa primera fiesta de acción de gracias. En una carta que escribió el 12 de diciembre de 1621, la describió de la siguiente manera:

"Después de recoger la cosecha, nuestro gobernador (William Bradford) envió a cuatro hombres a cazar aves para que pudiésemos regocijarnos juntos del fruto de nuestro trabajo, de una manera especial. En un solo día, apenas ellos cuatro lograron cazar suficientes aves como para servir a todos los invitados durante casi una semana. Entre otras actividades de esparcimiento, en ese período de tiempo hicimos ejercicios con nuestras armas en compañía de muchos de los indígenas que se encontraban entre nosotros y, entre ellos, su gran rey Massasoit, con cerca de noventa hombres, a quienes entretuvimos y agasajamos durante tres días. Ellos partieron y mataron cinco venados que trajeron a la plantación y se los ofrecieron a nuestro gobernador, al capitán (Myles Standish) y a otros".

Capítulo 7
Diversión y juegos

Los peregrinos y los indígenas norteamericanos no solo comieron y hablaron durante esos tres días de 1621. ¡Los peregrinos por fin podían descansar y querían divertirse! Algunos hombres realizaron un desfile y, probablemente, demostraron sus habilidades con el mosquete practicando tiro al blanco.

Igualmente, deben haber participado en juegos sencillos. Los peregrinos quizás les enseñaron a los wampanoags a jugar salero y a las damas, y deben haber jugado también a la gallina ciega.

Por su parte, los wampanoags deben haberles enseñado a los peregrinos un juego que consiste en lanzar y atajar un anillo confeccionado con ramas de enredadera entrelazadas. Un cordel amarra por un extremo el anillo y, por el otro, una vara que el jugador sostiene. Este lanza el anillo al aire y lo trata de ensartar con la punta de la vara. Esta clase de

juegos los ayudaba en la coordinación mano-ojo y mejoraba sus habilidades como cazadores.

Los wampanoags corrían rápido y, probablemente, se realizaron carreras. También deben haber cantado y bailado danzas indígenas para los peregrinos.

Generalmente, los cuadros del Primer Día de Acción de Gracias muestran a los peregrinos con ropa y sombreros negros, y zapatos con hebillas, pero en realidad no se vestían así. Casi siempre, usaban ropa marrón o roja porque les era más fácil fabricar tintes en esos colores. Algunas veces, era verde o azul.

Los peregrinos y los wampanoags eran muy diferentes entre sí, así como los idiomas que hablaban y sus tipos de vivienda. Ninguna de las partes comprendía o confiaba completamente en la otra. Durante la celebración, se conocieron mejor y, quizás, se dieron cuenta de que tenían más en común de lo que pudiera parecer.

Tristemente, su amistad no duró para siempre.

La vestimenta de los peregrinos

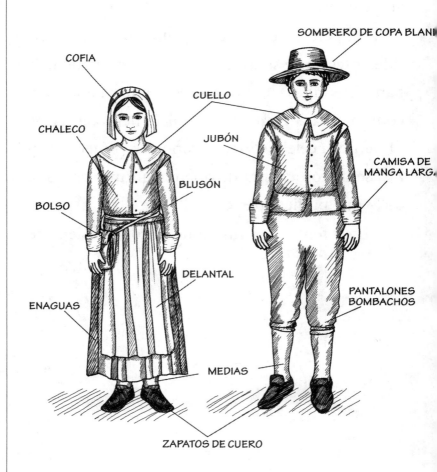

COFIA

CUELLO

SOMBRERO DE COPA BLAN

CHALECO

JUBÓN

CAMISA DE
MANGA LARG

BLUSÓN

BOLSO

DELANTAL

PANTALONES
BOMBACHOS

ENAGUAS

MEDIAS

ZAPATOS DE CUERO

La vestimenta de los wampanoags

MANTO

BOLSA PARA
ALIMENTOS Y
PROVISIONES

FALDA
DE FLECOS

TAPARRABOS

PANTALONES

MOCASINES

Capítulo 8
Conflicto

Poco después del Primer Día de Acción de Gracias, llegaron a Plymouth treinta y cinco colonos más, a bordo de un barco llamado *Fortune*. Aún había solo siete casas y cuatro edificaciones de uso público en la colonia, que ahora debía albergar a sesenta y seis hombres, dieciséis mujeres y a todos los niños. Tuvieron que vivir amontonados, pero compartieron lo poco que tenían.

En 1623, llegaron de Inglaterra dos barcos más, el *Anne* y el *Little James*. Para entonces, ya Plymouth contaba con unas veinte casas.

En 1630, llegó un grupo de diecisiete barcos en los que viajaron, aproximadamente, mil colonos. Establecieron la colonia de la Bahía de Massachusetts, al norte de Plymouth, cerca de donde hoy queda Boston.

Al haber más pobladores, hubo que construir más, lo cual implicó talar más árboles para hacer más casas. Empezaron a ocupar terrenos donde los wampanoags siempre habían cultivado, cazado y pescado. El ganado de los peregrinos estaba pisoteando los cultivos de maíz de los indígenas.

Los peregrinos y demás colonos percibieron Nueva Inglaterra como una tierra virgen. Cuando llegaron, no había casas, vías ni tiendas como en Europa. Para ellos, los indígenas norteamericanos eran salvajes porque su manera de vivir era distinta. Los peregrinos creían que ellos eran especiales y que Dios quería que reclamasen las tierras del continente norteamericano como suyas.

Los wampanoags tenían su propia religión. Creían que había espíritus en los ríos y en los bosques que los rodeaban. La tierra y toda la naturaleza no pertenecían a nadie. Por esta razón, para los indígenas norteamericanos no tenía sentido que los colonos hicieran tratos para comprar tierras. Pensaban que después de vendérselas, todavía podrían cultivar, cazar y pescar en ella. Se enojaron cuando los colonos no se lo permitieron y estos problemas terminaron provocando una guerra entre los colonos y los indígenas.

William Bradford y Massasoit murieron en la década de 1650. Fueron líderes hábiles que velaron por mantener la paz. Al principio, los hijos de Massasoit, Wamsutta y Metacom, mantuvieron la promesa de su padre, pero pronto empezaron a molestarse. Entonces, algo terrible ocurrió.

En 1662, los peregrinos capturaron a Wamsutta, quien luego enfermó y murió en Plymouth. Pero, ¿por qué semejante afrenta? Los wampanoags se enfurecieron.

Metacom, a quien llamaban también Rey Felipe, se convirtió en el líder de los wampanoags. Él creía que, para sobrevivir, su gente tenía que ahuyentar a los peregrinos. En 1675, Metacom lideró ataques contra los asentamientos ingleses establecidos en Nueva Inglaterra. Los colonos contraatacaron.

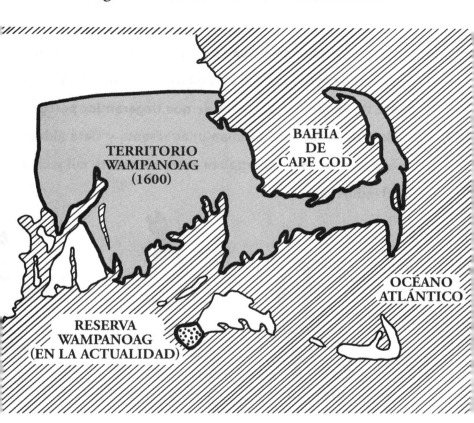

TERRITORIO
WAMPANOAG
(1600)

BAHÍA
DE
CAPE COD

OCÉANO
ATLÁNTICO

RESERVA
WAMPANOAG
(EN LA ACTUALIDAD)

A esta se la llamó la Guerra del Rey Felipe y, en ella, murieron muchas personas de ambos bandos. Al año, la mayoría de las aldeas indígenas habían sido destruidas.

¿Qué ocurrió con los wampanoags?

Wampanoag significa "gente del este". Se les llamó así porque vivieron en el sureste de Massachusetts y en el este de Rhode Island. Antes de que llegaran los peregrinos a Norteamérica, existían unas sesenta y siete aldeas wampanoags que albergaban entre cincuenta mil y cien mil indígenas.

Entre 1616 y 1618, miles de ellos murieron a causa de enfermedades que los europeos trajeron consigo. Muchos más perecieron después, durante enfrentamientos con los colonos, quienes les estaban quitando la tierra. La tribu se estaba extinguiendo.

Después de la Guerra del Rey Felipe, los colonizadores ingleses vendieron a algunos indígenas como esclavos en las islas del Caribe. Otros se convirtieron en sirvientes de los colonizadores de Nueva Inglaterra. Los wampanoags perdieron su libertad, sus familias y su estilo de vida.

Para el siglo XIX, muchos hablaban inglés y se vestían parecido a los ingleses. Su lengua materna corría el riesgo de caer en el olvido. Documentos antiguos, como una Biblia de 1650 traducida al wampanoag, han ayudado a preservar el idioma. Otros escritos e historias heredadas de sus ancestros muestran cómo vivieron hace mucho tiempo.

En la actualidad, existen cerca de cinco mil wampanoags y la mayoría de ellos viven en Massachusetts.

Capítulo 9
Un día feriado de Acción de Gracias

En diciembre de 1769, algunos hombres de Plymouth decidieron honrar a los peregrinos por todas las privaciones que sufrieron para llegar al continente americano. Dispararon cañonazos, pronunciaron discursos y disfrutaron de un banquete.

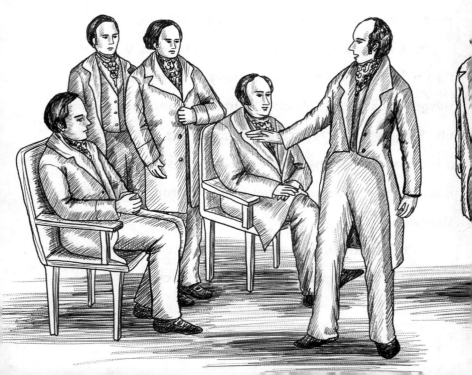

Veinte años más tarde, George Washington, el primer presidente de Estados Unidos, trató de convertir el Día de Acción de Gracias en una fiesta nacional, pero no lo logró. En 1820, doscientos años después de que los peregrinos llegaran a Massachusetts, hubo otra celebración en Plymouth en su honor. El político Daniel Webster pronunció un famoso discurso en el que se refirió a ellos como los "padres peregrinos" de Estados Unidos de América.

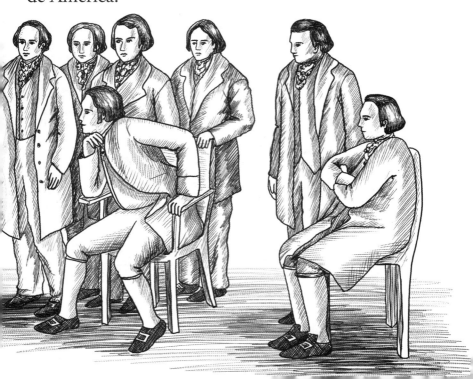

A partir de entonces, el interés en los peregrinos fue creciendo lentamente por todo Estados Unidos. Muchos artistas pintaron cuadros de los peregrinos y su primera fiesta de acción de gracias, pero la mayoría de estas representaciones no eran muy fieles a la realidad. Los peregrinos lucían solemnes, vestidos de negro y ubicados en el centro de los cuadros, con apenas unos cuantos indígenas norteamericanos cerca de los bordes.

REPRESENTACIÓN POCO FIEL DE LA PRIMERA CENA
DE ACCIÓN DE GRACIAS

Pronto, muchos estados comenzaron a celebrar fiestas de acción de gracias, pero en la fecha que más les convenía. Una mujer de nombre Sarah Hale estaba empeñada en que todos, en Estados Unidos, deberían celebrar un único Día de Acción de Gracias en la misma fecha, como una gran familia unida. Quería que se convirtiera en un día feriado nacional.

En 1837, Hale era la directora de una popular revista para mujeres, llamada *Godey's Lady's Book*, en la cual sugería ideas de comidas, juegos y decoraciones para el Día de Acción de Gracias. Tanto ella como sus lectores escribieron miles de cartas a políticos solicitando que se estableciera una fiesta nacional de Acción de Gracias.

Ella llegó hasta escribirle al presidente de Estados Unidos, Zachary Taylor, haciéndole la petición.

Él no hizo nada; pero, cada vez que se elegía un nuevo presidente, Sarah volvía a escribir. Tanto Millard Fillmore, como Franklin Pierce y James Buchanan se negaron a complacerla.

En 1861, comenzó en Estados Unidos la Guerra Civil, una batalla entre los Estados del Norte y del Sur. Fue una época espantosa en todo el país. Abraham Lincoln era el presidente. Hale le expresó

al presidente que en ese momento era más importante que nunca establecer un Día de Acción de Gracias nacional. Quizás no detendría la guerra, pero uniría a toda la gente y les recordaría que el país era una gran familia de estados.

¡El presidente Lincoln estuvo de acuerdo!

En 1863, decretó el Día de Acción de Gracias como feriado nacional y, a partir de ese momento, se comenzó a celebrar todos los años, el cuarto jueves de noviembre.

En 1939, el presidente Franklin Roosevelt trató de cambiar la fecha al tercer jueves de noviembre para, así, ayudar a los negocios que estaban padeciendo la crisis de la Gran Depresión. Las compras navideñas se inician el día después de Acción de Gracias de modo que, con una semana más de ventas, a estos negocios les debería ir mejor. Pero esta medida no funcionó y, en 1941, se aprobó una ley decretando que el Día de Acción de Gracias siempre se celebraría el cuarto jueves de noviembre.

A partir de entonces, ha sido así cada año.

Sarah Hale

Sarah Hale nació en New Hampshire, en 1788. En aquel entonces, las niñas aprendían a cocinar, coser y limpiar la casa. Pero a Sarah su madre también le enseñó a leer y escribir. Cuando creció, se convirtió en maestra. Un día, una oveja siguió a una de sus estudiantes a la escuela, lo cual inspiró a Sarah a escribir "Mary tenía un corderito", una canción de cuna que ha mantenido su popularidad hasta hoy día.

Sarah se casó y tuvo cinco niños. Cuando su esposo murió, ella consiguió trabajo haciendo sombreros, pero quería ser escritora. A los treinta y nueve años, publicó una novela llamada *Northwood*, que fue un éxito y la ayudó a conseguir empleo como editora de la revista *Ladies' Magazine*, en 1827. Este fue un hecho importante porque, en Estados Unidos, ninguna otra mujer había sido editora de una revista.

Su revista publicó cuentos de grandes autores como Edgar Allan Poe, Charles Dickens y Harriet Beecher

Stowe. También publicaba artículos de su autoría orientados a mejorar la vida de la gente. Sarah abogó por más parques de juegos para los niños y porque las mujeres fuesen a la universidad. Finalmente, se convirtió en editora de otra revista, *Godey's Lady's Book*.

Además, Sarah Hale escribió miles de cartas a políticos sobre el Día de Acción de Gracias. Si no fuese por ella, quizás no tendríamos ese feriado nacional en Estados Unidos.

Capítulo 10
Acción de Gracias hoy en día

Muchas de las tradiciones de nuestra fiesta de Acción de Gracias se basan en lo que pasó ese Primer Día de Acción de Gracias que celebraron los peregrinos en 1621. Tal como hicieron ellos, aprovechamos para recordar todo lo bueno de nuestra vida y dar gracias por ello.

La fiesta de Acción de Gracias es una oportunidad para compartir. Por ejemplo, algunas personas recolectan comida para donársela a quienes no tienen suficiente para comer. Tíos, abuelos, bisabuelos, padres, niños y demás familiares se reúnen y comen juntos. Al igual que los peregrinos, muchas familias rezan durante la cena.

Se comen muchos de los alimentos que los peregrinos y los indígenas norteamericanos compartieron y, muchos otros, que ninguno de ellos conocía.

Con frecuencia, se adorna la mesa con hojas de otoño y con tallos de maíz.

La costumbre de jugar se mantiene y mucha gente ve partidos de fútbol americano ese día. En la década de 1870, se jugó el primero y, en la de 1890, el partido entre los equipos universitarios de Yale y Princeton atrajo una gran multitud. Actualmente, en el Día de Acción de Gracias se celebran miles de partidos de fútbol americano en universidades y escuelas secundarias.

Datos sobre el pavo

En la actualidad, los pavos de Acción de Gracias son criados en granjas. Pesan el doble que los pavos salvajes, que viven en los bosques de Norteamérica y son del tipo que comían los peregrinos. A diferencia de los pavos criados en granjas, los salvajes pueden volar.

Pavo de granja

Pavo salvaje

Solo los pavos machos graznan. Las hembras hacen un sonido de chasqueo o cloqueo.

Benjamín Franklin quiso que el pavo fuese el ave nacional de Estados Unidos. Sin embargo, en 1782, se escogió al águila calva.

Cada año, en el Día de Acción de Gracias, se consumen cuarenta y seis millones de pavos aproximadamente en Estados Unidos.

La Federación Nacional del Pavo celebra una ceremonia anual en la que le obsequia un pavo vivo al presidente de Estados Unidos. Este pavo no se come y, algunas veces, lo envían a vivir en Mount Vernon, antiguo hogar de George Washington. Algunos hasta han sido parte del desfile de Acción de Gracias de Disneylandia, en California.

Los peregrinos marcharon con sus mosquetes y, actualmente, la tradición de hacer desfiles el Día de Acción de Gracias se mantiene. El más famoso se realiza desde 1924 en la ciudad de Nueva York, bajo el patrocinio de la tienda por departamentos Macy's. En esa primera edición del Desfile del Día de Acción de Gracias de Macy's hubo carrozas decoradas y bandas de música, así como elefantes, osos y camellos que prestaron del zoológico del Parque Central. Desfilaron desde la calle 145, en Harlem, hasta la tienda Macy's de la calle 34.

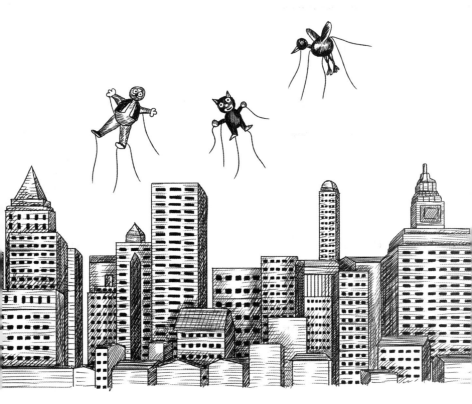

En 1927, grandes globos de helio con forma de animales reemplazaron a los de verdad del zoológico. Dos años más tarde, al final del desfile, soltaron los globos y los dejaron flotar hasta perderse. Aquellas personas que los encontraron recibieron un regalo de Macy's. Hoy, muchas familias mantienen la tradición de ver desfiles durante el Día de Acción de Gracias.

Actualmente, se puede visitar Plimoth Plantation, un museo de historia al aire libre en el que se recrea la aldea de los peregrinos. Probablemente se asemeje al pueblo de Plymouth en 1627, siete años después de que los peregrinos desembarcaran allí en el *Mayflower*. Uno puede caminar por la aldea y sentir que ha viajado en el tiempo. Las casas, las camas, los muebles, las huertas, la comida y los animales que uno observa allí son como los que tuvieron los peregrinos.

También se puede ver y hablar con personas vestidas con los trajes que usaban los peregrinos en 1627. No son ellos, pero actúan y hablan como si lo fuesen. Saben mucho sobre cómo vivían y te responden lo que les preguntes al respecto. Ahora bien, si les hablas sobre artefactos modernos, como la computadora o la televisión, ellos reaccionarán como si no supieran a qué te estás refiriendo.

Uno puede entrar en muchas de las casas de la aldea y verlos cocinar, cenar, cuidar el jardín, jugar

a las damas, remendar ropa, reparar un techo o encender la lumbre.

También puedes preguntarles cómo se construyeron las casas y qué cultivaban en sus pequeñas huertas. Los peregrinos hacían su propia pasta dental mezclando una yerba llamada salvia con sal.

Igualmente, se puede visitar el fuerte desde donde los guardias peregrinos vigilaban el pueblo y permanecían atentos ante cualquier posible ataque enemigo o incendio accidental. Allí se puede observar cómo se carga y dispara un mosquete.

Cerca de Plimoth Plantation, en la orilla del río Eel, se puede visitar una reproducción de un

asentamiento de los wampanoags. Ellos pescaron y cultivaron la tierra en esta zona por más de mil años. Las personas que se encuentran allí son sus descendientes, y también son gente de otras comunidades indígenas norteamericanas. Desde el punto de vista histórico, la ropa que usan es exacta a la original, en su mayoría confeccionada con piel de ciervo.

Allí, se puede apreciar cómo vivieron los wampanoags en la primavera y el otoño de 1627, incluyendo cómo pescaban, cultivaban, recolectaban bayas, tejían cestas y cocinaban.

También se puede observar a indígenas utilizando fuego para vaciar el tronco de un árbol y fabricar, así, una embarcación o *mishoon*, en idioma wampanoag.

Las personas en este asentamiento no actúan como si vivieran en la época de los peregrinos, pero pueden hablarte sobre la historia y la cultura de los wampanoags. También, invitarte a entrar a un *wetu*, cubierto de esterilla, o a una casa alargada, llamada *nush vetu*, la cual está cubierta de corteza y alberga en su interior varias fogatas. Quizás te enseñen a jugar "hubbub", un antiguo juego indígena en el que se emplean cinco semillas de fruta o pedacitos de hueso tallados en forma de moneda. Uno de los dos lados de cada semilla está pintado. Los jugadores se turnan para lanzarlas en un tazón o para sacudir un tazón. El objetivo es lograr que las semillas aterricen con la cara pintada hacia arriba.

En Plimoth Plantation tienen una réplica del *Mayflower*, a escala original, que se llama *Mayflower II*. Uno puede ver sus velas y sus vigas de roble y, una vez a bordo, los diferentes equipos que emplearon los marineros, como faroles de paneles de carey y mapas coloreados a mano. Es posible que uno se sorprenda con lo pequeño que es el barco por dentro y se le haga difícil imaginar a los peregrinos viviendo en cubiertas tan estrechas por diez semanas. El camarote del capitán es pequeño pero aparenta ser mucho más cómodo que donde dormían los marineros.

Plimoth Plantation está localizado cerca de la aldea original de los peregrinos y, aproximadamente, a una hora de trayecto en automóvil desde Boston, Massachusetts, o de Providence, Rhode Island. La dirección es 137 Warren Avenue, Plymouth, Massachusetts.

Plymouth es hoy en día uno de los puntos de referencia histórica más importantes de Estados Unidos. Allí, los peregrinos pudieron ejercer la libertad de culto. Cuando la adversidad y la muerte los acecharon, no se rindieron. La determinación y el espíritu que demostraron tener han llenado de orgullo a muchos otros estadounidenses. ¡Su historia y la leyenda de su primera fiesta de Acción de Gracias inspiraron la fiesta nacional de Acción de Gracias que celebramos hoy!

Línea cronológica del Primer Día de Acción de Gracias

1607 —Se funda Jamestown, la primera colonia inglesa en Norteamérica.

1608 —John Smith se convierte en el líder del asentamiento de Jamestown.

1620 —Los peregrinos zarpan rumbo al continente americano, desde Inglaterra, a bordo de un barco llamado *Mayflower*. Los peregrinos redactan el Pacto del Mayflower, un acuerdo que detalla las reglas por las que se regirían.

1621 —Los peregrinos celebran en Plymouth, Massachusetts, una fiesta para celebrar su primera cosecha, la cual muchos consideran el Primer Día de Acción de Gracias.

1777 —Las trece colonias que recién conformaron Estados Unidos de América celebran el primer Día de Acción de Gracias de la nación.

1789 —George Washington, el primer presidente de EE. UU., declara el 26 de noviembre como un día de acción de gracias y oración en toda la nación.

1846 —Una editora llamada Sarah Hale inicia una campaña para que se establezca el último jueves de noviembre como el Día de Acción de Gracias nacional.

1863 —Abraham Lincoln emite una proclama que convierte al Día de Acción de Gracias nacional en una tradición anual.

1924 —Se celebra en la ciudad de Nueva York el primer desfile del Día de Acción de Gracias de Macy's.

Línea cronológica del mundo

Se publica *Don Quijote de la Mancha* de Miguel de Cervantes, la primera novela moderna. — **1605**

Galileo Galilei descubre las lunas de Júpiter con su telescopio. — **1610**

Se publica en Inglaterra la versión de la Biblia del rey Jaime. — **1611**

Muere William Shakespeare. — **1616**

Comienza la Guerra de los Treinta Años, en la cual los protestantes lucharon contra el control de los católicos. — **1618**

Se inicia la construcción del Taj Majal en la India. — **1632**

Comienza la Guerra Civil inglesa. — **1642**

Se acaba la dinastía Ming en China. — **1644**

La peste bubónica mata al menos a 75,000 personas en Londres. — **1665**

Inglaterra, Gales y Escocia se unen para formar Gran Bretaña. — **1707**

Se aprueba la Ley del Timbre, que cobra un impuesto a los documentos impresos en las colonias. — **1765**

Se aprueba la Ley de Acuartelamiento, la cual obliga a los colonos a alojar y alimentar a los soldados británicos.

María Antonieta ingresa a la corte francesa a los catorce años de edad. — **1770**

El Motín del Té tiene lugar en Boston la noche del 16 de diciembre. — **1773**

El Congreso Continental autoriza la Declaración de Independencia. — **1776**

Finaliza la Guerra de Independencia de Estados Unidos. — **1783**

Colección ¿Qué fue...? / ¿Qué es...?

El Álamo	La isla Ellis
La batalla de Gettysburg	La Marcha de Washington
El Día D	El Motín del Té
La Estatua de la Libertad	Pearl Harbor
La expedición de Lewis y Clark	Pompeya
	El Primer Día de Acción de Gracias
La Fiebre del Oro	
La Gran Depresión	El Tren Clandestino

Colección ¿Quién fue...? / ¿Quién es...?

Albert Einstein	La Madre Teresa
Alexander Graham Bell	Malala Yousafzai
Amelia Earhart	María Antonieta
Ana Frank	Marie Curie
Benjamín Franklin	Mark Twain
Betsy Ross	Nelson Mandela
Fernando de Magallanes	Paul Revere
Franklin Roosevelt	El rey Tut
Harriet Beecher Stowe	Robert E. Lee
Harriet Tubman	Roberto Clemente
Harry Houdini	Rosa Parks
Los hermanos Wright	Tomás Jefferson
Louis Armstrong	Woodrow Wilson

El rey Jaime I de Inglaterra

Representación del *Mayflower* en el puerto de Plymouth

El capitán Myles Standish

El gobernador William Bradford

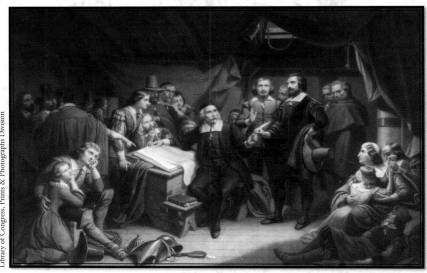

Los peregrinos, firmando el Pacto del Mayflower

...to by them done (this their condition considered) might be as firme as any patent; and in some respects more sure.

The forme was as followeth.

In y^e name of god Amen· We whose names are underwriten, the loyall subiects of our dread soueraigne Lord King James by ye grace of god, of great Britaine, franc, & Ireland king defender of ye faith, &c

Haueing undertaken, for ye glorie of god, and aduancemente of ye christian faith, and honour of our king & countrie, a voyage to plant ye first colonie in ye Northerne parts of Virginia· doe by these presents solemnly & mutualy in ye presence of god, and one of another, couenant, & combine our selues togeather into a ciuill body politick, for ye our better ordering, & preseruation & furtherance of ye ends aforsaid; and by vertue hearof to enacte, constitute, and frame shuch just & equall lawes, ordinances, Acts, constitutions, & offices, from time to time, as shall be thought most meete & conuenient for ye generall good of ye colonie: unto which we promise all due submission and obedience· In witnes wherof we haue here under subscribed our names at Cap-Codd y^e ·11· of Nouember, in y^e year of y^e raigne of our soueraigne Lord king James of England, france, & Ireland y^e eighteen, and of scotland y^e fiftie fourth· An: Dom· ·1620·]

Transcripción del Pacto del Mayflower, hecha por el gobernador William Bradford

The Granger Collection, New York

Grabado del siglo XIX que ilustra la llegada de los peregrinos a la Roca de Plymouth en 1620

Representación del tratado de paz entre los peregrinos
y los indígenas wampanoags

KING PHILIP—the last of the Wampanoags. [See Page 72.]

Metacom, también conocido como el Rey Felipe, último cacique de los wampanoags

Grabado en madera, del siglo XIX, de la visita de Samoset
a la colonia de Plymouth

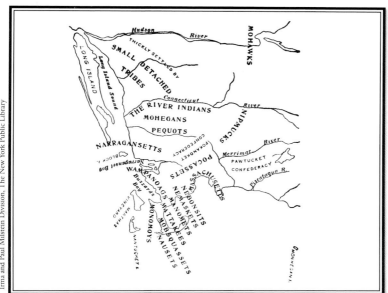

Los territorios de algunas tribus de la costa Este

Grabado de una pintura del siglo XIX que ilustra a los peregrinos
camino a su iglesia

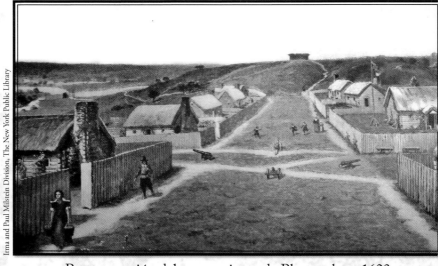

Representación del asentamiento de Plymouth en 1623

Vestimenta típica de los peregrinos

La plaza del pueblo de Plymouth en 1828

Mueble que trajeron en el *Mayflower*

La cocina de una casa original de los peregrinos

Reconstrucción de una choza wampanoag en Plimoth Plantation

Postal de Acción de Gracias, de 1914

Representación de la primera fiesta de Acción de Gracias de los peregrinos

Desfile de Macy's por el Día de Acción de Gracias, en la década de 1920